21世紀南山の経済学③

やさしい経済学史

中矢 俊博

日本経済評論社

目次

はじめに　1
I　経済学史とは何か　3
II　経済学の大きな流れ―アダム・スミス、マルクス、ケインズ―　5
III　経済学以前の経済的考え方　9
1　古代ギリシアの経済思想　9
①プラトン　9
②アリストテレス　10
2　中世ヨーロッパの経済思想　11
①キリスト教　11
②トマス・アクイナス　12

Ⅳ　重商主義の経済学　13
1　トーマス・マン　13
2　ウイリアム・ペティ　14
3　ジョン・ロック　15
4　ジョン・ロー　16
5　デイヴィッド・ヒューム　17
6　ジェイムズ・スチュアート　18
Ⅴ　古典派経済学　19
1　アダム・スミス　19
2　トマス・ロバート・マルサス　23
3　デイヴィッド・リカードウ　29
4　ジョン・ステュアート・ミル　33
Ⅵ　マルクス経済学　37

Ⅶ　ジェボンズの経済学　41
Ⅷ　新古典派経済学　45
　1　アルフレッド・マーシャル　45
　2　アーサー・ピグー　48
Ⅸ　ケインズ経済学　51
おわりに　61
参考文献　63

はじめに

リーマン・ショック以降、主流派であった新自由主義経済学は、少し評判を落としているようです。リーマン・ブラザーズなどの投資会社が、競争のルールを無視して、やりたい放題やった挙句に破綻《はたん》したからです。経済的自由や効率は大切ですが、それはアダム・スミスが述べたように、「慎慮」（倹約・勤勉・計画性など）の徳や同感の原理に基づいた行動が前提となります。このような経済学を教えている大学教員も、やや肩身の狭い思いをしているようです。今一度、モラルを重視したアダム・スミスを読み直すとよいでしょう。

リーマン・ショックの後、「一〇〇年に一度の経済不況」が全世界を覆《おお》ってきた時、第四四代アメリカ大統領になったばかりのバラク・オバマは、新自由主義経済学の処方箋《しょほうせん》をかなぐり捨てて、ケインズ経済学の経済政策を採用しました。国債発行による公共事業政策、ゼロ金利政策、投資減税や補助金政策等がそれで、さらに潰《つぶ》れかかったGMやクライスラーなどの自動車産業を公的資金で救済しました。一九二九年に発生した大恐慌の際に、ルーズベルト大統領がニューディール政策を打ち出したことを連想するかのように、オバマ大統領の経済政策は環境に配慮したグリーン・ニューディール政策と呼ばれています。

さて、ここ数年に起こった経済現象への対処方法からも分かるように、経済学には大きく分けて二つの潮流が存在しています。自由競争と経済効率を中心とする自由主義経済学が一方にあり、もう一方は政府介入と社会的公正を中心とするケインズ経済学です。現実の経済の動きはとても複雑なので、自由主義経済学で首尾よくいくこともあれば、ケインズ経済学の方がよりよく説明できる場合もあります。過去の経済学を振り返ることによって、私たちは実にさまざまな考え方に出会いますが、これこそが経済学史を勉強しなければならない最大の理由なのです。

筆者がこれから説明する経済学史は、主にイギリスを中心にしたものです。いち早く産業革命を成し遂げ、資本主義経済を確立したのがイギリスでしたし、資本主義経済の素晴らしさと同時に、多くの弊害を最初に経験したのもイギリスでした。以下では、イギリスで活躍した経済学者たちの奮闘の記録を見ていきますが、紙面が限られていますので、簡潔にまとめたいと思います。読者の皆さんは、重商主義者とアダム・スミス、マルサスとリカードウ、マーシャルとケインズといった対立図式で、経済学史をとらえるのも面白いでしょう。

I　経済学史とは何か

　経済学史は天才経済学者たちの戦いの記録です。各時代の天才経済学者は、その当時の経済や科学、政治、文化、制度などを背景に、すでに確立していた考え方に激しく挑戦し、それらを否定した上で新しい理論をつくりあげました。彼らは経済状況がまさに混迷を深めるなかで、批判的な言葉と創造的な専門用語を用いて、多くの学者を魅了する独自の理論を構築していきました。そのような天才経済学者の格闘の記録を紹介し、彼らがつくりあげた経済理論を歴史に沿って考察し、現代に蘇《よみがえ》らせていくのが経済学史研究に携《たずさ》わる者に与えられた役割なのです。

　ところで、マーク・ブローグが編集した『経済学人名録』（*Who's Who in Economics*）には、何万人という経済学者が掲載されています。また、彼が書いた初心者向けの『ケインズ以前の一〇〇大経済学者』や『ケインズ以後の一〇〇大経済学者』を見ても、天才的な経済学者は合計で二〇〇人もいるのです。そのなかから誰を選び、何人を学生諸君に紹介するかは、担当者の自由裁量に任されています。

そのなかでも、天才中の天才といわれている人物が、一七七六年に『国富論』を書いたアダム・スミス、一八六七年に『資本論』第一巻を著したカール・マルクス、そして一九三六年に『雇用・利子および貨幣の一般理論』を上梓《じょうし》したジョン・メイナード・ケインズでしょう。この三人は、誰が経済学の歴史を担当したとしても、必ず取り上げられる最重要人物です。彼らの書物を繙《ひもと》くと、偉大な書物だけが醸《かも》し出す崇高な雰囲気に圧倒される思いがします。

スミス

II　経済学の大きな流れ
―アダム・スミス、マルクス、ケインズ―

まずは、読者の理解を深めるために、今紹介した三名の天才経済学者を中心に、経済学の大きな流れを見ておきましょう。知られているように、経済生活は太古の昔から行われていましたが、そのような経済の諸事象を、価格メカニズムを用いて科学的に分析したのが「経済学の父」と呼ばれているアダム・スミスでした。

しかし、アダム・スミス時代の中心的な考え方は、まさに絶対君主制を経済面から支援していた重商主義でした。重商主義の政策は、国家が税制優遇や補助金などで完成財輸出を奨励し、関税を課して商品の輸入を抑制することで、貿易差額としての金の流入を促進させた考え方です。このような政府による国家独占貿易を強く批判し、自由貿易による市場の拡大と経済発展の促進を願ったのがスミスでした。

政府は、国家の安全や司法の役割、教育や公共事業等と同時に、自由な市場の円滑な運用を中心とすべきであって、市場への過剰な介入は不

マルクス

ケインズ

必要であるばかりか、市場の効率性を損ないます。分業による生産性の向上と「神の見えざる手」による価格メカニズムこそが、スミスの唱えた自然的自由の体系だったのです。

しかし、一八世紀後半から一九紀前半になると、すさまじい勢いで産業革命が進行していきます。スミスをはじめとした古典派経済学は、資本主義の主役を各経済主体（地主・資本家・労働者）に求め、お互いが協業することで産業の発展を期待しましたが、資本主義の悪い面（独占、労働者の貧困、経済恐慌、階級対立等々）が顕著になった時に、資本主義というものを徹底的に検証し、その矛盾を鋭く突いた人物がマルクスでした。

アダム・スミスがルールに基づいた自由競争を主張し、分業と「神の見えざる手」による市場均衡を説いたのに対して、マルクスはその富が資本家階級に集中し、労働者が悲惨な状態に陥っていることに反発し、分配の平等を強く主張しました。さらには、資本主義の特徴である私有財産制を否定し、財産の平等という見地から共産社会の実現を夢見ました。一九八九年に旧ソ連が破綻し、ベルリンの壁が崩されるまで、「能力に応じて働き、必要に応じて取る」という共産主義の考え方に賛同した知識人は数多くいます。

ミニコラム①経済学史研究の意義

経済学史のように、なぜ過去の経済学説・経済思想を論じる必要があるのか、という問いに答えてみましょう。

第一に、教育上の利益を挙げます。過去の経済学の歴史を明らかにすることによって、現代の経済学そのものの理解が進むことは間違いありません。ガルブレイスも言うように、経済学の歴史を学ばずして、現代の経済学を理解することは難しいのです。

第二には、研究上の利益を指摘しておきましょう。経済学史研究を通じて、研究者自身の視野が広げられ、新しいアイディアを得ることがしばしばあります。研究の合間に偉大な経済学者の書物を繙くと、こんなよい考え方があったのかとびっくりします。理論の多様性に目を開かされ、思想の豊饒性に感嘆することもしばしばです。

さて、マルクスの亡くなった年（一八八三年）に生まれたのが、二〇世紀最大の経済学者と言われているケインズです。ケインズも、一九二九年の大恐慌以前から雇用問題に大きな関心を持つと同時に、自分の師でありケンブリッジ大学の大御所でもあったマーシャルの経済学に疑問を持ちました。マーシャルらは、古典派経済学のアダム・スミスやリカードウの経済学を信奉しており、古典派を継承する意味で新古典派と呼ばれていました。

ケインズは一九二六年に書いた『自由放任の終焉《しゅうえん》』のなかで、主流派の経済学が、将来に対する完全知識や完全予見を前提としたうえで、私的利益と社会的利益の一致を説いていることに強く反発します。自由にしておけば、社会に調和が訪れるという考え方はあまりに楽観的すぎるし、「非自発的失業」が発生している現状をまったく無視しています。ケインズの考え方は、マーシャル経済学への明確な反逆だったのです。

そして彼は、一九三六年に『雇用・利子および貨幣の一般理論』を書き上げて、一躍世界の寵児《ちょうじ》となりました。この書物は、私たちの経済社会が完全雇用を提供できないことと、富や所得を恣意《しい》的で不公平に分配していることを指摘し、それを是正するために政府介入が必要不可欠であることを論じたものです。第二次世界大戦後に見られた世界経済の繁栄は、ケインズ政策なくしてはありえないといわれています。

このように見てくると、経済学は時代により、自由主義か介入主義かに大きく動いていることが理解できることでしょう。重商主義のように、政府の統制を前面に出した考え方から、アダム・スミスのように自由主義を唱える経済学が主流となったと思えば、今度はマルクスのように全面的に国家主導の経済学が力を持った時期もありました。しかし、スミスの経済学がマーシャルに受け継がれ新古典派経済学が主流となった時に、今度はケインズが出現して政府介入に道を切り開きました。

第二次世界大戦後は、ケインズ経済学が主流となっていましたが、それに反旗を翻《ひるがえ》したハイエクやフリードマンが新自由主義経済学を唱えました。しかし、リーマン・ショック以降、世界経済が不調に陥ったこともあり、再びケインズ経済学が脚光を浴びるようになっています。

プラトン（B.C.427-347）

Ⅲ　経済学以前の経済的考え方

さて、ここからは実際に、経済学史を検討していくことにしましょう。先にも指摘したように、経済生活は太古の昔から行われてきましたから、いつの時代にも経済学の萌芽は見出せます。しかし、古代ギリシアの時代になると、哲学者たちはさまざまな経済現象を自分なりに分析しました。ここで最初に紹介するのはプラトンです。二〇世紀最大の経済学者ケインズは、学生時代にプラトンの著作に親しみ、人を驚かすような論文を書いたことはよく知られています。

1　古代ギリシアの経済思想

①プラトン

プラトンは閉鎖的で自給自足的なポリス（police）を前提とし、そこでの相互依存関係や交換を中心に経済というものをとらえました。ここ

アリストテレス（B.C.384-322）

で、ポリスというのは、都市国家のことです。そこでは、目的を持った人々が集まり、自足性の欠如《けつじょ》から分業と交換がなされ、相互依存関係を形作りました。プラトンは、法を制定し政治を行う支配者階級（知恵）、国家の防衛にあたる戦士階級（勇気）、商品やサービスを提供する労働者階級（節制）といった三階級論を展開し、支配者や戦士階級には、厳しい共有制（私有財産の否定）を強要しました。また、彼らは国家全体のことを考えるのですから、決して富裕であってはならないとしました。紀元前三八七年になると、国の最重要事項は教育であるとの主張のもと、アテナイの郊外に「アカデメイア」という教育機関を設立し、アリストテレスを含む多くの人を育てました。

②アリストテレス

プラトンの弟子であったアリストテレスは、厳格なプラトンとは異なり、個人の幸福追求（衣食住）を是認し、国家の基本単位を家族に求めました。そして、人は自分に属するものを愛するという性質を持つので、共有財産制ではなく私有財産制を肯定しました。また、「貨幣は子を生まず」という表現で、普通の人々に必要なお金の貸借《たいしゃく》に利子を取るべきではないと、高利貸の禁止を唱えています。貨幣についても、交換の媒介物、価値の保存手段、測定の普遍的標準、貨幣価値の変動などの認識を持っており、手に触れるものがすべて黄金となったミダス王の寓話を例示し、貨幣に富んでいることが幸せなのではないと述べました。

2　中世ヨーロッパの経済思想

①キリスト教

働かない者は食べてはならないという教えや、「タラントンのたとえ」(「マタイによる福音二五」『聖書』)にあるように、人々が主体的に働くことの大切さを主張しました。「求めよ、探せ、門をたたけ、人のために行え」(「マタイによる福音七」)などという教えも、とても主体的なものだと思います。もちろん、弱い立場にある人を助けるために、金・銀・財宝の蓄積や不幸な者からの搾取《さくしゅ》を強く非難しています。また、人間はすべて友人であり、差別すべきではないという隣人愛から身分制を否定し、普通の人々に生きる目的を与えました。キリスト教の教えを説いた『聖書』は、つねにベストセラーであり、世界中で最も読まれている書物となっています。

トマス・アクイナス（1225-1275）

②トマス・アクイナス

トマス・アクイナスは、アリストテレスと同様に、私有財産制を是認しました。その理由として、土地は万人のものだから、誰も他人の土地を奪う権利はないが、神は人々の幸福を願っているから、一時的に所有をまかすことはできるとしました。また、ある程度の富はその人を有徳の生活に導くことから、富を肯定しました。

そして、利益はそれ自体のために追求されるべきものではなく、よい目的のために追求されるべきとの考えから、公正価格・公正利潤・公正賃金を主張しています。もちろん、資本貸付については利子を認めますが、消費貸付（生活に必要な資金）ではそれを禁止し、高利貸による利子徴収の禁止を強く訴えました。また、競争原理は積極的に導入しますが、独占による価格の引き上げは断固阻止するとして、独占（供給独占、先買独占、転売独占）を非難しました。

Ⅳ　重商主義の経済学

経済学は時代を映す鏡だと思います。コロンブス以来の大航海時代には、国家と貿易に重きを置く重商主義の考え方が主流でした。重商主義とは、一六世紀から一八世紀にかけて、西ヨーロッパの絶対君主制において支配的であった経済思想とそれに基づく経済政策のことを言います。富（Wealth）は金・銀・財宝などの貨幣であり、それらの蓄積こそが国力の増大だとする考え方を取ります。そのために、国家は税制優遇や補助金などで輸出を奨励し、関税によって輸入を抑制することで貿易黒字を生み出し、金などの流入を促進させました。そのために、多くの国では植民地主義や近隣窮乏化政策がとられたのです。

1　トーマス・マン

マンは、一六〇〇年に設立されたイギリス東インド会社の中心メン

トーマス・マン（1571-1641）
主著『外国貿易によるイングランドの財宝』（1664）

バーの一人でした。富の本質が金や銀であるという理由から、貿易差額こそが経済的繁栄の指標であると考えたのです。そのために、輸出が輸入よりも超過し、金や銀の流入が行われるように外国貿易を規制しました。安い原材料の輸入を行い、完成された輸入工業製品に保護関税をかけて国内産業を促進し、国内での雇用を最大にするため完成財の輸出を奨励し、賃金や価格を低く保つために人口増加などの政策を奨励しました。

2　ウイリアム・ペティ

ペティは波乱万丈の人生を送りました。生まれは貧しい洋服屋です。その後、船乗りとなりますが、骨折したためにフランスにあるイエズス会の学校で学びます。イギリス海軍に入隊後オランダで解剖学の研鑽《けんさん》をつみ、遂にはオックスフォード大学の解剖学教授となります。国王と議会の混乱が最高潮でしたので、クロムウエル指揮下の軍医としてアイルランドに赴き、仕事の報酬として大量の土地を受け取った後、国会議員となります。その後、チャールズ二世からナイトの位を受けたり、彼の経済顧問となったりで、晩年は優雅な生活を送りました。

ウイリアム・ペティ（1623-1687）
主著『租税貢納論』(1662)、『政治算術』(1692)

ペティの政策としては失業対策があります。国民的利益を考えれば、失業者を生産的とはいえない仕事につかせるために国債を使うこともあるとして、ケインズの理論（雇用を増大させる対策としてピラミッドや教会をたてたり、地中に穴を掘ったりすること）を彷彿《ほうふつ》とさせるような議論をしていました。また、ペティの政治算術としては、国王の領土を評価するために、マクロ的な集計量を用いいましたが、アダム・スミスがペティの政治算術を否定したため、彼のマクロ概念は埋もれてしまいました。

ジョン・ロック（1632-1704）
主著『人間知性論』（1690）、『統治二論』（1690）

3　ジョン・ロック

ロックは、分析的なアプローチを社会的領域の研究に拡大したことにより、ライプニッツやヴォルテール、ニュートンにも多大な影響を与えました。彼は、物理的な意味での宇宙の動き方を決定する自然の法則と政治的法則とが類似したものである、と主張しています。所有権思想では、すべての人には本来財産権が与えられているので、自分自身の労働の生産物に対する権利を持ち、労働の成果を自分の所有物とすることができるとしました。労働は、あらゆる所有物の源泉であり、価値を与え

ジョン・ロー（1671-1729）
主著『貨幣と商業』（1705）

デイヴィッド・ヒューム（1711-1776）
主著『人性論』（1739）、『政治論集』（1752）

る中心であるとの主張は有名です。貨幣理論でも大きな貢献をしており、貨幣価値の安定をとても大事にしました。

4　ジョン・ロー

ローは、スコットランドのエディンバラに生まれました。ペティと同様に、彼の人生も大変起伏に富んでおり、フランスで最初の銀行設立、西インド会社の運営、王権による納税の請負を行いました。これら三つを合わせて「ローの体制」と呼んでいます。彼は、銀行券を大量に発行したため、一七一九年から空前の投機ブームを発生させました。ついに、ローは大蔵大臣に昇格し、権力の絶頂を迎えます。しかし、ミシシッピー・バブルは一七二〇年末に崩壊し、ローの信頼は崩れ去ることになります。彼はフランスを追われ、晩年はベニスの賭博人として過ごしたようです。

水は、使用価値は高いが、低い交換価値しか持たない。しかし、ダイヤモンドはその逆であるとして、水とダイヤモンドの逆説を提起し、供給が固定されている場合、需要が価格を決定するといった需給論を展開しました。彼はすでに、稀少性が価値に影響を及ぼすことを見抜いてお

【式①】
輸入＜輸出→貿易黒字→金の流入→（マネーサプライ↑）→利子率↓→投資↑→国内物価（インフレ）↑→産業の発展

【式②】
輸入＞輸出→貿易赤字→金の流出→（マネーサプライ↓）→利子率↑→投資↓→国内物価（デフレ）↓→産業の衰退

り、限界効用理論（価値は限界効用で決まる）の先駆者であるといってもよいかもしれません。

5　デイヴィッド・ヒューム

ヒュームはアダム・スミスの友人でした。人間は、幸福になりたいという欲求や利己心を持っており、勤勉に働くことで生活に必要な物資を購入します。彼は、自分の境遇を改善したいという利己心こそが、産業社会と生産技術を発展させる大本だと主張しました。また、外国貿易を通じて贅沢品が輸入されることにより、人々の購買力が刺激され、ますます生産技術が進歩していくと論じています。

彼の有名な正貨フローメカニズム（specie-flow mechanism）は、貨幣数量説を前提とした自由貿易論でした。そのメカニズムは、輸出が輸入を上回ると、物価の上昇等の経路を通じて産業が発展し（式①参照）、物価が上昇しすぎると、輸入が輸出を上回り、産業の衰退を帰結します（式②参照）。そして、産業が衰退すれば物価が下がり、同様のメカニズムを繰り返すことになるのです。

ジェイムズ・スチュアート（1713-1780）
主著『経済の原理』（1767）

6　ジェイムズ・スチュアート

彼は、アダム・スミス（一七二三～一七九〇）と同時代に生きた人物です。しかし、経済学の考え方は正反対でした。スミスのような自由貿易政策よりも、政府の役割を重視する重商主義政策が特徴です。スミスのような「神の見えざる手」ではなく、政府介入を支持した「巧妙な手」を主張しており、ケインズ「有効需要論」のさきがけといえるかもしれません。「政治家は仕事と需要の秤《はかり》を持つべきである。需要の秤が重い時は、供給を増やして価格を下げるために、新しい事業の設立に奨励金を出し、仕事の秤が重い時には、輸出増大を図るために補助金を出すべきである」と言っています。面倒見のよい政府が彼の信条でした。

V　古典派経済学

1　アダム・スミス

アダム・スミス（1723-1790）
主著『国富論』（1776）、『道徳感情論』（1759）

アダム・スミスは、一七二三年六月五日スコットランドのカーコディに生まれました。一四歳でグラスゴー大学に入学し、ハチソン教授から道徳哲学や自然神学、自由主義的な経済論を学びました。一七歳でオックスフォード大学・ベリオルカレッジに入学しましたが、旧態依然とした大学や怠惰な教授たちを批判する一方、ヒュームの『人性論』を読み感動したそうです。

一七四八年、エディンバラ大学で公開講座（修辞学、純文学、法学）を開始し、それが好評であったことから、二八歳で母校グラスゴー大学教授（論理学、道徳哲学）に迎えられました。彼自身、「最も有用にして、かつ最も幸福、また最も栄誉ある時期」であると言っています。

一七五九年四月には『道徳感情論』（*The Theory of Moral Sentiments*）を出版しました。「人間には生まれながらに、自分の境遇を改善しようとする利己心と、他人の境遇を思いやる利他心という二つの本能がある」という同感（sympathy）の原理をベースにした書物で、名声はたちまち全ヨーロッパに広がりました。スミスは、この書物を終生愛し続け、死の数カ月前に当たる一七九〇年にも第六版を出版したほどでした。

一七六四年一月から一七六六年一一月まで、バックルー公の付添人として渡仏し、ヴォルテール、ケネー、ディドロ、チュルゴ、ダランベールなどに会います。それらの経験をもとに、一七七六年三月、『国富論』（*An Inquiry into the Nature and Causes of the Wealth of Nations*）を出版しました。この書物は、経済学のバイブルと呼ばれており、思想の革命（自由主義思想、国富の概念）を意味する大著でした。

晩年はとても幸せに過ごし、ロンドンで小ピット首相に会った際に、「われわれは皆あなたの弟子なのだから」とスタンディングオベーションで迎えられたり、母校であるグラスゴー大学の理事長に就任したりしました。一七九〇年七月一七日、六七歳で死去し、キャノンゲイト墓地に葬《ほうむ》られています。

ミニコラム②ニュートンの接近方法

宇宙を見てください。そこには神が与えた体系的な調和が存在している、とニュートンは考えました。地球は、宇宙のなかでも太陽系に属する惑星ですし、太陽系には地球以外にもたくさんの惑星があるのはご存知のとおりです。アダム・スミスは、当時最先端であったニュートンの考え方を用いて、宇宙のサブ・システムを分析する経済学の研究は、宇宙の基礎にある基本的で単純な公理と法則を確認し、宇宙を動かしている戦略変数を分類すると同時に、経済というものに体系としてのまとまりと予測可能性を与えている構造上の因果関係を確認することだ、と考えたのです。

以下では、スミスの経済学を見ていきます。

スミスが考えた経済学の目的（the end of the economy）とは、人々に豊かな収入や生活資料を提供すると共に、国に公共の職務を遂行するのに十分な収入を提供することでした。国民と国家とを共に富ますために、政府に適切な助言を与えることが、経済学に与えられた役割なのです。

そのために、富は国民の労働によって生産される必需品や便益品であるとし、労働価値説（the labour theory of value）を唱えました。「国民の年々の労働は、その国民が年々に消費する生活必需品と便益品のすべてを本来的に供給する源であって、この必需品と便益品は常に労働の直接の生産物かあるいは、その生産物で、他の諸国から購入したものである」という文章は、当時主流派であった重商主義を強く意識したものです。

また、労働生産性の向上（一単位の労働によってどのくらいの富が生産されるか）には分業（the division of labour）が必要であることを主張し、フォード自動車のベルトコンベアを想起させるような議論を強力に推し進めました。規模は小さいですが、分業による経済成長こそが、国富を増大させる源だったのです。

その際に、重要となる推進力が、利己心・自愛心の原理（self-interest, self-love）でした。これは、自己の境遇を改善しようとする各人の絶えざる自然的努力のことを意味し、節約・勤勉・計画性などの「慎慮」の徳のことを言います。もちろん、この利己心を発揮する際には、他人から非難を受ける行動は避け、是認を受ける行動をする同感の原理（sympathy）が欠かせませんし、自分にしてもらいたくないことは他人にもしない、という内面化された第三者の視点（社会的に共有された慣習的ルール）、すなわちスミスのいう公平な観察者（impartial spectator）という考え方がとても大切となります。

最後に、スミスの専売特許である「神の見えざる手」（invisible hand）を見ておきます。自由競争は、各人の利害が衝突することによって、混乱へと導くのではなく、「神の見えざる手」の働きにより、商品が安価でありかつ豊富な社会へと導くというもので、価格の自動調節機能を表現したものと考えられています。ここで注意しておきたいのは、自分や家族の利益だけを考えて行動することが、各人が社会の利益を考えて行動するよりも、かえって効果的に社会全体の利益を促進することになるということです。スミスは、ルールに基づいた自由競争をするな

トマス・ロバート・マルサス（1766-1834）
主著『人口論』（1798）、『経済学原理』（1820）

らば、ニュートンが宇宙の調和を主張したように、私たちの経済社会も自然に調和していくと考えていました。

ところで、『国富論』の内容ですが、「第一編　労働の生産力における改善の原因とその生産物が国民のさまざまな階級のあいだに自然に分配される秩序について」「第二編　資本の性質、蓄積、用途について」「第三編　国によって富裕になる進路が異なることについて」「第四編　経済学の諸体系について」「第五編　主権者または国家の収入について」となっています。ここには、スミスが持っていた社会科学のあらゆる認識が盛り込まれており、実に大著と呼ぶにふさわしい書物です。経済学はもちろんのこと、歴史学、政治学、教育学をはじめとして、常備軍の発達史、教会史、重商主義批判、植民地批判などのあらゆる識見が詰まっています。経済学は、スミスも当時そう考えていたように、あらゆる知識を必要とする総合的な学問なのではないでしょうか。勉強する価値のある学問、それが経済学なのです。

2　トマス・ロバート・マルサス

マルサスは、一七六六年にロンドンの南にあるサリーで生まれました。

生まれてすぐに、ルソーとヒュームがマルサス邸を訪れ、彼を祝福したと言われています。ケンブリッジ大学のジーザス・カレッジで学んだ後、一七九三年にジーザス・カレッジのフェローとなります。一七九八年には、匿名で『人口論』を出版し、大きな論争を引き起こしました。そのお陰でしょうか、一八〇五年には東インド・カレッジの経済学教授に推挙されます。この種の任命は、イギリスでは初めてのものだったようです。一八一一年から始まったリカードウとの往復書簡で自分の意見を主張した後、それらをまとめた『経済学原理』を一八二〇年に出版します。マルサスは、『人口論』で当時最も有名な社会科学者となりましたが、この『経済学原理』もそれに劣らず立派な書物です。特に、経済学の方法を述べた序章は、読む人をうならせる名文だと思います。一八三四年、保養地バースに滞在中に死去します。享年六八歳でした。

マルサスの『人口論』を見てみましょう。

マルサスは、経済学者であると同時に、イギリス国教会の牧師でもありましたので、人間に対する理解もそのような面が強調されているようです。彼は、人間は神に似せられてつくられた素晴らしい生き物ですが、少しばかりキズも持っており、怠惰で労働の嫌いな生き物であると考えました。

さて、人間は誰であっても、生きていくために食べなければなりません。人間は、刺激がなければ活動しない、怠惰で労働の嫌いな生き物だと考えられているので、飢えという刺激が食料獲得（生産）という活動（労働）に人間をかりたてます。ところが、食料の生産は当時の技術では、どんなに頑張ったとしても、算術級数的（arithmetical）にしか増大しません。人間は、あらゆる努力を我慢強く行い、機械や技術を発明することで食料の増産を勝ち取らなければなりません。まさに、必要は発明の母なのです。

次に、人間は、自分の種族を維持しなければなりません。愛する人を見つけ、その家族を養うという刺激が、さらなる活動を生みます。相手を見つけたならば、自分たちの住まいを確保し、住みやすい環境を整えて、愛の結晶である子どもを育てなければなりません。現代生物学の教えるところによると、私たちには自分の遺伝子を伝達したい、というプログラムが組み込まれているそうです。マルサスは、この種族維持本能がこれからも永久に続き、人口は少なく見積もっても幾何級数的（geometrical）に増大すると言います。

ですから、マルサスの有名な人口の法則とは、「人口は制限されなけ

資料①ケインズのマルサス評価

「……もしかりに、リカードウではなくマルサスが、一九世紀経済学の根幹をなしていたならば、今日の世界は、はるかに賢明な、富裕な場所になっていたに違いない。いかなるときにも常に、明らかであったものを苦労して再発見し、われわれの誤った教育からくる覆いを突き破らなくてはならないのである。私は長らく、ロバート・マルサスをケンブリッジ経済学の始祖だと主張してきた。そして、これらの往復書簡が公表された後は、なお一層の共感と称賛をもって、そう主張することができるのである」（ケインズの「トマス・ロバート・マルサス」『人物評伝』）。

ミニコラム③マルサスの現代的意義

『種の起源』（一八五九）を発表して世間を驚かせたダーウィンは、マルサスの『人口論』を読んで、生物学的な進化を思いついたと言っています。『人口論』は、古典派の経済学者だけでなく、自然科学者から文学者まで幅広い知的な人々に、さまざまなインスピレーションを与えました。『人口論』は、今読んでもとても刺激的な書物だと思います。

　また、世界の人口問題は、マルサスの時代よりも、現代の方が深刻になっています。なぜなら、世界人口は、当時一〇億人しかいなかったのに対し、現在は、なんと七〇億人もいるのですから。そのため、食料獲得や貧困解消の問題以外に、資源の枯渇や地球環境の悪化といった資源・環境の問題が、取り組むべき喫緊の課題となっています。

　過度の工業化といった問題も、マルサスを語るうえでは避けることのできない事柄です。最近、ＴＰＰへの参加の是非が議論されていますが、農業をどう考えていけばよいのかということは重要な問題です。マルサスは、農業が食料安全保障、洪水防止等の国土保全、癒しの田園

れば、幾何級数的に増大する。しかし、生活資料は算術級数的にしか増大しない」、というものです。この催眠術的な標語は、古典派経済学を信奉する多くの経済学者に受け容れられ、マルサスの名を不滅のものとしました。現在でも、発展途上にある国々では、マルサスの言ったように人口は幾何級数的に増大しており、次に示すようなさまざまな問題を提起しています。

　その問題とは、出生率の低下をもたらすような結婚の延期と、それに伴う婦女に対する悪習などの悪徳（vice）です。マルサスは、これを予防的制限（preventive check）と呼びました。それでも人口が減らない時は、死亡率を上昇させるような子どもの遺棄、戦争、飢饉、伝染病といった不幸（misery）が続きます。マルサスはこれを積極的制限（positive check）と名付け、迫力ある文章で次のように書いています。

「飢饉は、自然の最後のもっともおそるべき手段である。人口の力は、人間の生存手段を生産する土地の力よりもはるかにまさっているから、早死が何らかのかたちで人類をおとずれなければならない。人類の諸悪徳は、人口減少の積極的かつ有能な使臣である。それらは破壊の大群の先駆であり、またしばしば、それらだけでおそるべき仕事を完了

空間の維持、文化の継承、地域共同体の復権等々、多面的な公益機能を持つということを十分認識していました。

する。しかし、もしそれらがこの絶滅戦に失敗するならば、疫病の季節、流行病および災厄が、おそろしい陣容で前進し、数万人を一掃する。成功がなお不完全であるならば、巨大で不可避的な飢饉が最後に横行し、強力な一撃をもって、人口を世界の食料と同水準にする」（初版第七章）。

何と厳しい自然の掟でしょうか。人間の一生は、困難と害悪といった苦い成分が大きな部分を占めている、ということです。しかし、マルサスは、このような困難と害悪が、人類にとって克服可能な困難であり、避けることのできる必要最低限の害悪なのだ、と言います。部分的害悪（不幸と悪徳）という刺激は、もともと怠惰な人間をより活動的にする、さらには人間の成長にとって必要不可欠であり、人間らしい精神を覚醒させるのに必要な神の采配なのです（精神覚醒説）。そして、そのような困難と害悪によって幾多の哀しみを知ることは、人間に高貴な徳性を与える（徳性覚醒説）、とも述べています（第一八・一九章）。

人間は一生を通じて、苦しみに耐えて働き、自己を形成していくようにつくられた生き物ですし、そのような個人の努力が、社会全体の改善につながっていきます。また、マルサスは、晩婚化や、節制ならびに修養などを通じた人間による自発的な人口抑制は、大きな困難と害悪を避ける意味でも重要なことだとして、道徳的抑制（moral restraint）を提唱していることも付け加えておきます。

次に、マルサスの経済学を見てみます。

彼は、セイ法則を信奉したリカードウとは異なり、生産されたものがすべて売れるわけではないとして、過剰生産の可能性と同時に公共事業の必要性を強調し、後のケインズ有効需要論と結びつくような議論を展開しています。もっとも、ケインズの場合は、投資を有効需要の中心に据えていましたので、マルサスの議論は、ただ現実にある失業を直視したものとしてとらえておいたほうがよいかもしれません。

さらに、過度の社会保障は人間を堕落させるということから、国の救貧政策に反対したこともマルサスの特徴です。彼は、アダム・スミスの弟子として、利己心の原理を自分の考察の柱にしていましたので、人間はつねに自分の境遇を改善しようと努力することが、その人にとってもまた国家にとっても重要である、との認識を持っていました。まさに、自助努力の勧めであり、独立自尊の精神こそが人間を成長させる大本だというわけです。

デイヴィッド・リカードウ（1772-1823）
主著『経済学と課税の原理』（1817）

また、穀物法論争では、安価な小麦（主食）を輸入すべきではないとして、穀物に関しては保護貿易政策を主張しました。その理由の第一は、国家の安全保障の見地からで、大国は他国の嫉妬《しっと》を招きやすく食料の外国依存は危険である、という意見です。これは、食料安全保障論と呼ばれている周知の議論です。次に、工業の発展はわれわれに知性と活気、社会的豊かさを与えてくれたが、逆に過大な工業人口は、国民の幸せや健康、道徳にとって好ましくない、という意見です。マルサスの当時、すでに産業革命の弊害が数多く見られるようになっていた、ということでしょう。これは、農工の調和的発展論と名づけたい見解です。最後に、穀物自由化（輸入）は、穀物価格の大きな下落を伴い、農民に深刻な影響を与えるという安定経済論も指摘しています。

3　デイヴィッド・リカードウ

一七七二年、株式仲買人の子としてロンドンに生まれ、一四歳から株式取引所で働き始めます。ですから、リカードウは他の学者とは違い、大学教育も受けていなければ、大学で教えたこともありませんでした。二一歳の時、結婚のためにユダヤ教から夫人のキリスト教ユニテリアン派に改宗しています。

二七歳で学問研究に目覚め、ふとした偶然でアダム・スミスの『国富論』に出会います。一八一〇年、当時の激しいインフレを分析した『地金の高価』を出版し、経済学界にデビューを果たします。その後、株式仲買人として成功し、巨万の富を獲得したのち、実業界から引退すると同時に、住居としてギャトコム・パークを手に入れました。

一八一五年、『穀物の低価格が資本の利潤に及ぼす影響についての試論』を出版し、一八一七年にはそれを『経済学と課税の原理』と拡大して出版します。この書物が、多くの研究者から認められ、理論経済学を形作ったと賞賛されます。また、論敵マルサスと長い間（一八一一年～一八二三年）、書簡を通じて意見を交換しましたが、これは経済学史上もっとも有名な往復書簡となります。一八二三年、耳の伝染病のため、五一歳で急逝《きゅうせい》しました。リカードウは、財産として七五〇〇万ポンド（約一五〇〇億円）を残したことで、経済学者のなかでも最も裕福であった、と言われています。

以下では、リカードウの経済学を見てみましょう。

リカードウといえば、一般的な商品の価値（価格）は、直接労働（労働）と間接労働（資本）からなる、という投下労働価値説が有名です。そして、マルサスの人口法則を受け容れ、実質賃金は労働者階級の生存費で決まるという賃金生存費説を唱えました。なぜなら、人口は食料供給の許容量まで増大するので、結局は生存費と実質賃金は等しくなるからです。また、その実質賃金は、生存に必要な穀物からなっているということで、穀物賃金と呼ばれます。

一方で、農産物の価格は、耕作されている土地のうち、最も肥沃度の低い土地（限界地）の生産性によって決まります。農産物の需要が限界地を決めるからです。その時、限界地では地代は発生しません。地代の大きさは、限界地とそれよりも肥沃度の高い土地との生産性の差によって決まります。これは、差額地代論と呼ばれている考え方です。人口が増え、限界地の耕作が進めば進むほど地代は増えますが、その一方で利潤は減っていきます。リカードウは、労働投入を増やしても生産が増えない収穫逓減の法則を考えていました。以上は、リカードウの利潤率低下の法則と呼ばれている議論です。

しかし、彼の名前は、有名な比較生産費の原理によって、人々の心に長く残ることになりました。リカードウは、安価な穀物を輸入すれば、費用である穀物賃金を引き下げ得るし、たとえ収穫逓減の法則が作用し

リカードウの二国二財モデル

国	貿易前の生産		貿易後の生産	
	ブドウ酒	毛織物	ブドウ酒	毛織物
イギリス	120人(1)	100人(1)	0人	220人
ポルトガル	80人(1)	90人(1)	170人	0人
合計	2単位	2単位	2.125単位	2.2単位

解説：イギリスはブドウ酒1単位の生産に120人、毛織物1単位の生産に100人を必要とする。一方、ポルトガルはブドウ酒1単位の生産に80人、毛織物1単位の生産に90人しか必要としない。つまり、ブドウ酒・毛織物どちらについてもポルトガルのほうが絶対的優位にある。しかし、だからといってイギリスはどちらの財についても輸入するだけで輸出できないというわけではない。イギリスはブドウ酒の生産に比較して毛織物の生産に比較優位を持っているので毛織物の生産に特化し、同様の理由でポルトガルはブドウ酒の生産に特化すれば、二国の生産量はブドウ酒2単位、毛織物2単位からブドウ酒2.125単位、毛織物2.2単位に増加する。比較優位のある財の生産への特化と国際貿易によって、両国の経済厚生は増加するのである。

ても、利潤率の低下を阻止できると考えました。そして、イギリスの優秀な工業製品である毛織物を輸出することで、さらなる利潤を獲得できるようになります。彼は、貿易参加国が、たとえ絶対的に生産費が高くても、相対的に生産費の低い部門に特化（specialize）し、国際貿易を行うことによって、お互いに利益を得ることができる、という自由貿易論を証明したのです。

表に示すリカードウの数値例は、とても巧妙に作られています。どちらの商品についても、イギリスはポルトガルよりも生産費が高いと想定しています。要するに、ポルトガルのほうがどちらの商品でも絶対的優位にあるのです。しかし、イギリスは毛織物の生産（当時の代表的な工業製品）に比較優位（comparative advantage）を持っていますので、毛織物の生産に特化し、ポルトガルはワインの生産に特化します。そして、お互いに国際貿易を行うのです。

イギリスは、リカードウの比較生産費の原理を忠実に実践し、ついには世界の工場となっていきました。

ジョン・ステュアート・ミル（1806-1873）
主著『経済学原理』（1848）、『自由論』（1859）、『功利主義論』（1861）

4　ジョン・ステュアート・ミル

ミルは大変早熟であり、三歳でギリシア語、八歳でラテン語を学び、一三歳からはアダム・スミスとリカードウの経済学を学びました。一三歳までにプラトンやアリストテレス等の基本的な文献を原語で読み、理解したというから驚きです。彼は、一六歳の時にベンサムに接することで、急進的な功利主義者となりました。一七歳から東インド会社に勤務しつつ、広範囲に渡る勉学を継続しました。

二一歳で自律神経失調症に罹《かか》りましたが、コールリッジ等のロマン派の詩作を受け容れることで回復しました。二四歳の時にハリエット・テイラー夫人と出会い、親交を深めた後四五歳で結婚したものの、五二歳の時にハリエット（一八〇七～五八）は急死しました。ハリエットの死を機に、三五年（一八二三～五八年）勤めた東インド会社を退職しています。晩年は、五九歳で下院議員に選出されたり、セント・アンドリュース大学の学長に任命されたりしました。フランスのアビニヨン滞在中に感染症に罹患《りかん》し、六七歳で死去します。

資料②ミルの有名な言葉

満足な豚であるより、不満足な人間であるほうがよい。同じく、満足な愚者であるより、不満足なソクラテスであるほうがよい（『功利主義論』）。

人々は彼らの望む行為が、他者に危害を加えない限りにおいて、好きなだけ従事できるように自由であるべきだ（『自由論』）。

ミルの『経済学原理』は、次の五編からなっています。すなわち、「第一編　生産」「第二編　分配」「第三編　交換」「第四編　生産と分配に影響をおよぼす進歩の影響」「第五編　統治の影響」です。富の生産は、歴史的・社会的な変化の根底を一貫する不変の法則（土地の有限性、収穫逓減の法則、人口法則）によって支配されると考えましたが、富の分配については、人間の力で変更することの可能な制度（社会制度の変革）にかかわるとし、制度設計の重要性を重視しています。

ミルは、基本的には、自由主義的な古典派理論を支持していました。しかし、民間では費用面などで供給できないが、社会全体としては人々の厚生に役立つものとして、①教育、②幼年者の保護、③永久的契約、④公営企業、⑤労働時間や植民地の土地処理、⑥貧民救済、⑦植民、⑧公共事業、⑨学者階級の維持、⑩司法および国防を挙げ、それらについては政府が提供する必要を説きました（第五編第一一章）。ミルは、人間の知的・道徳的な状態の向上は、個々人の不断の努力と、それを保証する社会制度との相互作用を通じて、徐々に実現できると考えます。彼は漸進的な改良主義者だったのです。

付け加えておきますが、ミルはマルサス『人口論』の熱心な信奉者でした。ですから、マルサスの道徳的抑制を拡大し、労働者自らが自発的に産児制限を行うことを強く主張します。これにより、労働者の境遇を改善し、人間らしい生活を保証することができる、と考えたのです。

カール・マルクス(1818-1883)
主著『資本論』第1巻(1867)、『共産党宣言』(1848)、『経済学批判』(1859)

Ⅵ　マルクス経済学

マルクスは、一八一八年五月五日、ドイツのトリアーに生まれました。彼の父は弁護士で、トリアーの顧問を務めていたほどの人物です。六歳の時に、父と同じくプロテスタントの洗礼を受けます。ギムナジウムで勉強した後、一八三六年に一八歳でボン大学に入学します。大学入学と同時にイエニーと婚約し、七年後の一八四三年に結婚しました。ボン大学の次にベルリン大学とイエナ大学で勉強を続け、「デモクリトスとエピクロスの自然哲学の差異」で哲学博士を取得します。

一八四二年にはライン新聞の主筆となりますが、残念ながら発行禁止となりドイツを追われます。その後、パリやブリュッセルを経由して、一八四九年にはロンドンへ亡命しました。その間に、エンゲルスと共同で『共産党宣言』(一八四八)を発行しています。「これまでの社会の歴史はすべて階級闘争の歴史である。……労働者は鉄鎖のほかには失うものはなにもない。彼らの得るものは全世界である。万国の労働者、団結

資料③マルクスの史的唯物論

「人間は、その生活の社会的生産において、一定の、必然的な、かれらの意思から独立した諸関係を、つまりかれらの物質的生産諸力の一定の発生段階に対応する生産諸関係を、とりむすぶ。この生産諸関係の総体は社会の経済的機構を形づくっており、これが現実の土台となって、そのうえに、法律的、政治的上部構造がそびえたち、また、一定の社会的意識諸形態は、この現実の土台に対応している。物質的生活の生産様式は、社会的、政治的、精神的生活諸過程一般を制約する。人間の意識がその存在を規定するのではなくて、逆に、人間の社会的存在がその意識を規定するのである」（『経済学批判』）。

せよ！」という文章は、あまりに有名なものでしょう。

その後、大英博物館の図書館で、朝から晩まで資本主義経済の研究を続け、一八五九年には『経済学批判』を、一八六七年には『資本論』第一巻を発行します。しかし、たくさんの原稿を残したまま、マルクスは一八八三年三月一四日に六四歳で亡くなりました。

マルクスの経済学は、資本主義に生じた政治的出来事や社会的・法律的制度にかかわる一切を包括した総合科学といえるものです。その当時の資本主義は、資本家による締め付けが強く、労働者は悲惨な状態に置かれていました。人間本来のあり方を模索していたマルクスにとって、この窮状を放置しておくことはできませんでした。そのために、階級闘争、搾取、疎外、剰余価値、資本の有機的構成、産業予備軍、恐慌、革命等という独特の専門用語を用いて資本主義経済を批判し、彼が言う科学的社会主義の理論づくりに取り組んだというわけです。

『資本論』第一巻には、商品の価値は、生産に必要な労働量によって決定される（労働価値説）とあります。労働者は、自分の労働力商品の価値を超える価値を生み出しますが、労働者が受け取るのは労働力商品の価値である賃金のみです。それゆえに、資本家の所得である利潤（剰余価値）は、まさに不払労働なのであり、生産手段の所有者によって搾取されたものだ、というのがマルクスの見解でした。

例えば、労働者が資本家に、一日六時間という契約で労働力を提供するとします。しかし、資本家は労働者を一日八時間働かせることでしょう。この八時間の内六時間は、労働者の再生産のために支払われる対価であり、労働力商品の価値（賃金）となりますが、資本家のために働く二時間は不払労働であり、これが剰余価値となります。資本家は、まさに合法的に労働力を手に入れ、労働者に労働力商品の価値を支払い、当然のごとく残余である剰余価値を受け取ります。マルクスによる資本主義経済学批判は、経済社会の不条理が出発点となっていたのです。

ウィリアム・スタンレー・ジェヴォンズ（1835-1882）
主著『経済学の理論』（1871）、『通貨と金融の理論』（1884）

VII　ジェヴォンズの経済学

ジェヴォンズは、一八三五年九月一日、リヴァプールのユニテリアンの裕福な家庭に生まれました。しかし、一八四五年に母が亡くなると兄が精神病を発病し、一八四七年の経済恐慌で父親の事業が倒産します。そのために、一八五一年にロンドンのユニヴァーシティ・カレッジに入学しましたが退学を余儀なくされ、オーストラリアのシドニーにある国立造幣局の分析官となります。しかし、そこで経済学を含めた社会科学全般に強い興味を示しました。

一八五九年に帰国後、再びユニヴァーシティ・カレッジに入り直し、論理学・数学・経済学を猛勉強しました。そして彼は、一八六三年に『純粋論理学』、一八六五年に『石炭問題』を出版して、一躍世間の注目を浴びます。その結果、一八六六年にマンチェスター大学の論理学・経済学教授に招かれました。一八七一年になると、『経済学の理論』を出版し、限界効用概念の同時発見者となります。一八七六年からは、母校

資料④ケインズのジェヴォンズ評価

「ジェヴォンズの『理論』は、主観的評価、限界原理と、いまでは周知となった経済学上の代数や図形の技法に基づく価値の理論を、完成された形で、初めて提示した論著である。経済学に関する最初の近代的な書物として、それは新たにこの学科に取り組もうとしているすべての聡明な人たちに、異常に魅力のあるものとなった。単純で、明快で、断固としており、マーシャルが真綿でくるむような言い方をしたのに対して、それは石に刻んだように輪郭が鮮明であった」(「ケインズ「ウィリアム・スタンリー・ジェヴォンズ」『人物評伝』)。

であるユニヴァーシティ・カレッジの経済学教授に就任しましたが、誠に残念なことに一八八二年八月一三日、水泳中に溺死《できし》しました。四六歳という若さでした。ジェヴォンズの死後、フォックスウェル教授は、『通貨と金融の理論』(一八八四年)という論文集をまとめています。

ジェヴォンズの『経済学の理論』は、自信に満ちた表現で溢れています。第二版の長い序文の最後には、リカードウが経済科学の車輪を誤った軌道にそらし、さらにはJ・S・ミルが右の車輪も混乱に向かって推し進めた、と強く批判します。また、マルサスとシーニョアは正しかったが、リカードウらの団結の前に圏外に追放されてしまったと述べた後、「破砕された一科学の断片を拾い上げ、新たに発足することは、尋常ならざる仕事である。しかしそれは、多少とも経済科学の進歩を見んと欲する人々の回避してはならない仕事なのである」、と書いています。

さて、第一章には、経済学は数学的科学であるとして、「効用・価値・需要・供給・資本・利子・労働という概念は、すべて数量的なものであるから、それらの数量的概念に微分学を適用することが必要である」、という文章が見られます。第二章には、人間は快楽と苦痛によって動かされるとして功利主義的な議論を展開し、経済学は快楽と苦痛の感情を出発とする点で心理学的基礎を持つ、と主張しました。また、経済学研究の方法として基本的に演繹的方法をとり、商品価値の決定要因は投下労働量ではなく、希少性に基づく主観的満足にあるとしました。

第三章の効用の理論では、任意の商品の消費から得られる満足を全部効用、特定部分量の効用を部分量の効用、消費された最後の増分についての効用を最終効用度（final degree of utility）と呼び、最終効用度が逓減することと限界効用均等の法則（消費者均衡の理論）を証明しました。これは、「極大満足が得られる配分は、それぞれの用途における最終効用度が等しい時」であり、消費者が最大の満足を得ることができる状態を示します。

第四章の交換理論には、「生産費は供給を決定する。供給は最終効用度を決定する。最終効用度は価値を決定する」、というよく知られている表現が見られます。第五章では、「労働供給は労働の報酬である生産物から得られる快楽と労働に伴う苦痛によって計られる」として、功利主義的な労働理論を提起しました。第六章と第七章の地代と資本の理論を説明した後の結論部分で、「私は研究を阻害するものには、たとえそれが、J・S・ミル、アダム・スミスまたアリストテレスであっても、これに盲従することに反対する。われわれの経済学は経験と推理に訴え

ミニコラム④ジェヴォンズの太陽黒点説

太陽の黒点活動と景気変動を関係づけたものです（約一〇年周期説）。彼は、太陽活動の周期的な変化が地球上の気象状態を変化させ、それが自然環境や農作物の豊不作、諸商品の需要・供給に影響を与えることで、景気全体に作用すると考えました。ジェヴォンズは、太陽黒点数の変動と景気の好不況の間には密接な関係がある、と確信していました。

かけるよりも学説に重きをおくために、あまりにも停滞しつづけている」と述べました。彼はあらゆる権威に対する挑戦者だったのです。

アルフレッド・マーシャル（1842–1924）
主著『経済学原理』(1890)

Ⅷ　新古典派経済学

1　アルフレッド・マーシャル

マーシャルは、一八四二年にクラパムで生まれました。一八六一年にケンブリッジ大学のセント・ジョンズ・カレッジに入学します。数学優等卒業試験の第二位優等者として卒業後、しばらく数学の教師をしており、分子物理学にも関心を持ちました。しかし、シジウィックの影響を強く受け、哲学・倫理学・経済学へと関心を移していき、一八六八年に道徳哲学の講師に任命されます。

一八八四年には経済学教授に就任し、一八九〇年には名著『経済学原理』を出版しました。この書物の表紙には、「自然は飛躍せず」（natura non facit saltum）というモットーが掲げてあり、長い間ケンブリッジの経済学を支配します。彼は、ピグーやケインズ等多くの弟子を育て、経済学の普及に貢献しました。そのため、彼の経済学を継承する人々のことをケンブリッジ学派と言います。また、彼らは、アダム・スミス、リカードウ、J・S・ミル等の古典派の流れを継承するという意味で、新古典派とも呼ばれています。

さまざまな委員会で活躍した後、一九〇八年に教授の地位をピグーに譲り、第一線から退きました。しかし、彼は退職した後の活動も活発であり、一九一九年には『産業と商業』、一九二三年には『貨幣・信用・商業』を出版しています。そして、一九二四年七月一三日、八二歳の誕生日の二週間前に亡くなりました。

マーシャルは、アダム・スミスと同じように、自由競争市場経済への限りない信頼を持っていました。それゆえ、民間の活力を重視すると共に、国家の役割についてはできるだけ小さいことを期待します。経済的自由により経済活動が活発化すると、日常生活の向上が図られ、活力や自主性が高まり、国民所得も向上します。それが、消費支出と結びついた安楽水準を高め、それによりマーシャルの言う「生活基準」も一層高まります。

さて、彼の主著である『経済学原理』の構成は、「第一編　予備的な

資料⑤マーシャルの教授就任演説

「たくましい人たちの偉大なる母であるケンブリッジが世に送り出す、冷静な頭脳と温かい心情（cool head but warm heart）を持ち、彼らを取りまく社会的苦悩と取り組むためにその最善の能力の少なくとも一部を進んで捧げようと志し、上品で高尚な生活のための物質的手段を万人に開放することがどこまで可能であるかを明らかにするために、力の及ぶかぎり努力しないうちは決して満足に甘んじることのないようにと決心した、そういう人たちの数をいっそう多くしようと、乏しい才能と限られた力とをもって私にできうるだけのことをするというのが、私の胸中固く期している念願であり、また最高の努力でありましょう」（ケインズ「アルフレッド・マーシャル」『人物評伝』）。

考察」「第二編　若干の基本的概念」「第三編　欲望とその充足」「第四編　生産要因・土地・労働・資本および組織」「第五編　需要・供給および価値の一般的関係」「第六編　国民所得の分配」「付録（A—L）」となっています。この書物は、一般のビジネスマンにも読んでもらおうと、数学などの難しい表現は付録に回し、誰でも読めるようなやさしい言葉で書かれています。経済学は、富の研究であると同時に、日常生活における人々の行動と慣習などを取り扱う人間の研究である、と考えていたからです。

そのなかで、「ある市場の需要量がある幅の価格低落に対応して大幅に増大すれば、その需要の弾力性は大である」という需要の価格弾力性概念は、マーシャルが創案した数多くの分析道具のなかでももっとも重要なものである、とケインズに指摘されたものです。需要曲線と限界効用曲線を同一と考え、「人々がそれなしに済ますならば支払ってもよいと考えている価格と実際の価格との差のこと」を消費者余剰と呼んだり、「相当に長い寿命をもち、かなりの成功をおさめ、さらに正常能力をもって運営されており、内部経済と外部経済を正常に享受している企業のこと」を代表的企業と呼ぶなど、彼が作り出した分析道具は実にたくさんあります。

アーサー・ピグー（1877-1959）
主著『厚生経済学』（1920）、『失業の理論』（1933）

最もすばらしいのは、需要と供給による価格決定に見られる次の表現でしょうか。すなわち、「価値が効用によって支配されるかそれとも生産費によって支配されるのかを考えるのは、紙を切るのはハサミの上の刃か下の刃かを論じるのに等しい」とし、短期では需要が大きな役割を果たし、長期では供給が大きな役割を果たすことになる、と明言したのです。

マーシャルの欠点をあえて挙げるとすれば、経済学という科学的機械への信頼があまりに強すぎたこと、ミクロ経済学を重視しすぎたためにマクロ経済学的な問題を軽視したことなどが挙げられます。これらは、弟子であるピグーやケインズが取り組むべき問題となるのです。

2　アーサー・ピグー

ピグーは、一八七七年一一月一八日にイギリス南部のワイト島で生まれています。パブリック・スクールで有名なハロー校を卒業後、キングズ・カレッジで学びました。一八九九年、歴史学優等卒業試験に一番で合格した後、マーシャルの勧めもあり、経済学に取り組むことになりました。そして、一九〇八年に三一歳の若さで、マーシャルの後任として、ケンブリッジ大学教授となりました。それ以後、ロバートソンにその地位を譲る一九四三年まで、三五年の長きにわたって、経済学教授として学問研究の毎日を送ったのです。

ところで、ピグーの教授就任演説もマーシャルに劣らず有名で、「経済学は光をもたらす科学というよりは、果実をもたらす科学であるべきだ」として、理論より実践が大事なことを強調しました。実践との関連では、失業の解消（完全雇用の実現）、インフレ・デフレの抑制（物価の安定）、貿易黒字・赤字の是正（国際収支の均衡）、国民所得の増大（経済成長の実現）などを掲げています。

しかしピグーと言えば、やはり『厚生経済学』（一九二〇年）ではないでしょうか。この書物は、一九一二年に出された『富と厚生』を拡大したもので、経済学のなかでも燦然《さんぜん》と輝く名著となっています。「厚生（Welfare）とは心理的状況であって、物とか物的状況を示さないこと、および大小比較のみができるものだ」という前提のもとで、このような社会的厚生のなかで、直接か間接に貨幣に関連づけられるものを経済的厚生と呼び、ピグーはそれを研究の対象としています。

次に、有名な三命題が提示されます。すなわち、他の事情が等しいな

【式③】
貨幣賃金↓→物価水準↓→保有資産・現金の実質価値↑→非賃金所得者の消費↑→生産・雇用↑

【式④】
貨幣賃金↓→物価水準↓→取引動機の貨幣需要↓→利子率↓→投資↑→生産・雇用↑

らば、①国民所得の平均量が大きければ大きいほど経済的厚生を増大させる、②国民所得のうち、貧者へ帰属する平均取得分が大きければ大きいほど経済的厚生を増大させる、③国民所得の年々の量および貧者へ帰属する年々の取得分が変動することが少なければ少ないほど経済的厚生を増大させる、というものです。ピグーは、『厚生経済学』の大半を使って、この三命題を証明しました。

ピグーの雇用理論としては、一九三三年に書かれた『失業の理論』が有名です。「労働者の実質賃金が低ければ低いほど、社会全体の雇用量は増大する」として、価格の自動調節機能を肯定しました。このような貨幣賃金の引き下げによる物価水準の下落は、式③のルートで失業を解消させることから、「ピグー効果」と呼ばれています。ケインズも、論理的には、式④というルートは考えることができるとしました（「ケインズ効果」）が、実際には貨幣賃金の引き下げによる購買力の低下が、有効需要の低下に続く国民所得の減少を引き起こし、失業を増大させると主張しました。

ジョン・メイナード・ケインズ（1883-1946）
主著『雇用・利子および貨幣の一般理論』（1936）、『貨幣改革論』（1923）、『自由放任の終焉』（1926）、『説得論集』（1931）、『人物評伝』（1933）

IX　ケインズ経済学

ケインズは、一八八三年六月五日、ケンブリッジのハーヴェイ・ロード六番地で生まれます。イートン校からケンブリッジ大学のキングズ・カレッジへ、古典と数学を学ぶために進学し数学優等卒業試験の第一二位で卒業しました。インド省に入省した後、一九〇八年六月には同省を退職し、その後ケンブリッジ大学経済学講師として母校に戻ります。

一九一四年八月、第一次世界大戦が勃発すると大蔵省に入省し、一九一九年のヴェルサイユ条約締結に際しては、大蔵省首席代表として出席します。しかし、ドイツに対する懲罰的な条約締結に抗議して大蔵省を辞職し、自分の見解をまとめた『平和の経済的帰結』をその年の一二月に出版しました。この出版により、ケインズの名前は全世界に広まりました。

第一次世界大戦後は、実業界や大学の会計官等で活躍します。一九二五年八月四日には、ロシア人バレリーナであるリディア・ロポコヴァと結婚すると同時に、イギリス南部サセックス州にあるティルトンの別荘を購入し、充実した私生活を出発させました。リディアと一緒にカマーゴ・バレエ協会を発会させたり、ロンドン芸術劇場クラブの公演等に積極的に取り組んだりしています。

一九二九年一〇月二四日、アメリカ株式市場での株価暴落により世界恐慌が始まります。一九三〇年には『貨幣論』上・下二巻を出版しましたが、各方面から批判が相次ぎ、新しい書物に取り掛かることになります。『説得論集』（一九三一年）、『繁栄への道』（一九三三年）、『人物評伝』（一九三三年）と立て続けに出版した後、マルサス没後一〇〇年記念講演会の開催（一九三五年三月二日）やケンブリッジ芸術劇場の開場（一九三六年二月三日）とを同時に進めつつ、主著『雇用・利子および貨幣の一般理論』を出版しました。

少し頑張りすぎたこともあり、一九三七年六月に心臓病（冠状動脈血栓症）を再発させます。今回の発病はかなり重症で、ケインズはまさに死の淵をさまよったようですが、奇跡的に病気から回復しました。一九三九年九月には第二次世界大戦が勃発します。今回も、大蔵省から戦費調達などのために招きを受け、イギリスのために働くこととなります。アメリカとの対英借款交渉など、不自由な体をおして数々の難題に取り組みました。

その一方で、一九四一年一〇月にはナショナル・ギャラリー管理委員会委員、同年一〇月にはイングランド銀行理事、一九四二年二月には音楽および芸術奨励協議会（ＣＥＭＡ）委員長など、数々の仕事を精力的にこなしています。一九四四年七月からはブレトンウッズ会議で戦後の国際金融問題を話し合い、一九四六年三月にはサヴァナ会議でＩＭＦと世界銀行の設立が決まりました。そうした活動の疲労が蓄積したこともあってか、同年四月二一日に死去します。享年六二歳でした。

まず最初に、ケインズの資本主義観から見ることにします。ケインズは、「自由放任の終焉」のなかで、次のように言っています。すなわち、「私としては、資本主義は賢明に管理されるかぎり、おそらく、経済的目的を達成するうえで、今まで見られたどのような代替的システムにもまして効率的なものにすることができるが、本質的には、幾多の点できわめて好ましくないものであると考えている。われわれの問題は、能うるかぎり効率的であって、しかも満足のいく生活様式に関するわれわれの考えに抵触することのないような、社会組織を創り出すことである」。

アダム・スミスの資本主義は、自由競争市場、私有財産制、利益の追求（営利原則）、労働と資本の対立、立法国家（小さな政府）というものであり、マルクスの共産主義は、計画（管理）市場、共有財産制、利益の管理（平等原則）、労働者中心、管理国家（大きな政府）というものでした。ケインズは、そのどちらも好ましくはないが、自由と個人主義に重きを置く資本主義を、賢明に管理していくほうがよいと考えます。それゆえに、自由を守るために計画（管理）を導入し、私有財産制や利益の追求（営利原則）はそのまま維持することで活力を与え、所得の再分配政策を用いて貧富の差や有効需要の減少を解消し、公共財の提供や雇用の確保を強力に推進する行政国家（賢明な政府）を提唱したのです。

また、「自由放任の終焉」のなかには、有名なキリンの例が用いられています。すなわち、「キリンの福祉を心にかけるならば、餓死させられる首の短いキリンたちの苦痛とか、あるいは生存競争のなかで地面に落ち、踏みつけられる甘い葉のこととか、首の長いキリンたちの食べ過ぎとか、群れをなすキリンたちの温和な顔に影を落とす不安、すなわち闘争本能むきだしの貪欲さの醜さとかを見過ごしてはならない」。ケインズは、自由競争の結果、強い者だけが勝ち、弱い者が負けて放置される社会は望ましくない、と考えます。さらに、民間企業に依存することができないものは政府が提供すべきだとして、公共事業の推進（投資の

資料⑥新古典派経済学批判

「これまでの経済学では、将来に対する完全知識、完全予見を前提としたうえで私的利益と社会的利益の一致が説かれているが、これは不可能である。個々人が各自の経済活動において、永年の慣行によって公認された『自然的自由』を所有しているのは本当ではない。持てる者、あるいは取得した者に永続的な権利を授与する『契約』など存在しない。世界は、私的利益と社会的利益とがつねに一致するように、天上から統治されてはいない。世界は、実際問題として両者が一致するように、この地上で管理されているわけでもない。啓発された利己心が、つねに公益のために作用するというのは、経済学の原理から正しく演繹されたものではない。また、利己心が一般的に啓発されているというのも、正しくない」（「自由放任の終焉」『説得論集』）。

社会化）、通貨管理の必要性（金融政策の重視）、人口問題の重要性（適正人口）を挙げ、一方では政府がすべきでないこととして、国有化（私有財産制を絶対にくずしてはならない）と自由の制限（利益追求の自由は守るべきである）を挙げています。

次に、ケインズの社会観を見てみましょう。彼は、社会を三つの階級に分けて考えています。第一は投資家階級（rentiers）です。彼らは企業の株を所有し、インカム・ゲインやキャピタル・ゲインを獲得します。この階級が、流動性選好説による利子率の決定に加わることになります。第二は企業家階級（entrepreneurs）です。彼らは資本や労働を用いて生産を行い、経済社会を発展させます。この階級が、資本の限界効率と利子率との関係により投資を決定することになるのです。第三は労働者階級（workers）です。彼らは生産や販売のために雇われます。雇用量は、投資の規模によって決定されますので、労働者の生活状態を決めるのは、投資家階級による投機行動や企業家階級による投資行動だ、ということになります。労働者階級にとってはまったく不条理な社会構造だといえます（『貨幣改革論』）。

さて、以上のような考察を基に、最も有名な「有効需要の原理」を見ておきましょう。

ケインズは、社会全体の有効需要が消費と投資からなることを示した後、その解決の鍵が主に投資にあることを鋭く認識します。企業の投資行動は、流動性選好説で決定された「利子率」と企業家の予想利潤率である「資本の限界効率」によって決まります。一方、消費は国民所得に依存しており、きわめて安定的な関係をもっているだけでなく、限界消費性向は0と1の間にあると想定します。この限界消費性向は投資乗数とパラレルの関係にあり、投資の増大が乗数倍の国民所得の増大を生むことを示すものです。そして、まさに消費と投資からなるこの有効需要が、一国全体の国民所得すなわち雇用量を決定することになります。

ところで、経済が不況になれば、企業の予想利潤率である「資本の限界効率」は低下していくため、かなり低い利子率でないと民間の投資は期待できません。それに、社会が豊かになればなるほど限界消費性向は低下していきます。それゆえに、有効需要は徐々に減少していき、一国全体の国民所得（雇用）もだんだん低い水準に移行していかざるをえません。その結果が、現行の貨幣賃金で働きたくても働けない「非自発的失業者」の存在だったのです。このように、現実の経済は失業者を含ん

資料⑦ケインズの道徳感

「われわれは宗教と伝統的な徳にかんするもっとも確実な原則のうちいくつかのものに向かって、自由に立ちもどることができる、と私は思う。すなわち、貪欲は悪徳であるとか、高利の強要は不品行であり、貨幣愛は忌み嫌うべきものであるとか、明日のことなど少しも気にかけないような人こそ徳と健全な英知の道をもっとも確実に歩む人である、といった原則にである。われわれはもう一度手段（means）より目的（ends）を高く評価し、効用（useful）よりも善（good）を選ぶことになる。われわれはこの時間、この一日の高潔でじょうずな過ごし方を教示してくれることができる人、物事のなかに直接のよろこびを見出すことができる人、汗して働くことも紡ぐこともしない野の百合のような人を尊敬するようになる。われわれは宗教と伝統的な徳にかんするもっとも確実な原則のうちいくつかのものに向かって、自由に立ちもどることができる、と私は思う」（「わが孫たちの経済的可能性」『説得論集』）。

だ均衡の状態にあり、自動的に完全雇用均衡に向かう力を持っていないと考えたケインズは、創造力と多様性に富んだ経済社会を維持発展させるために、賢明な政府の施策に強く期待することになるのです。それが有名なケインズの総需要管理政策と言われるものでした。

ケインズの総需要管理政策とは、政府が財政・金融政策を用いて、「総需要」（投資と消費）の管理・調整を行い、一国全体の経済活動をわれわれ国民にとって望ましい水準に維持する政策のことをさします。具体的には、金利政策（金融政策）、公共投資政策（財政政策）、増・減税や所得の再分配政策（社会的弱者に優しい財政政策）等のことです。景気が悪い時には、金利を引き下げ、減税や補助金などの施策を行います。それでも改善しない時には、国債発行による公共投資を実施し、デフレ・ギャップを解消することになります（『雇用・利子および貨幣の一般理論』）。

最後に、ケインズの将来ビジョンを見ておきたいと思います。

ケインズの将来ビジョンは、不況を克服した後の完全雇用状態における、人間の麗《うるわ》しき生き方にあります。先ほども見たように、彼は自由主義経済学とマルクス経済学は共に、社会生活における経済的要因を過大視しているとして、彼らの見解を否定します。私たち人間は、知識・友情・美・愛を享受するために、短いあいだこの世に送られてきた存在だからです。ケインズにとって、人生の主目的は、愛であり、美的体験の創造と享受であり、知識の追求でしたので、権力、名声、成功とは関係のないものでした。ケインズを含めて彼の仲間たちは、世俗的なこれらのものを徹底して軽蔑していました。

次の文章は、ケインズが自分たちの若き日を思い起こして書いた名文です。すなわち、「大切なのはただ精神の状態だけであった。それは主にわれわれ自身の精神の状態であった。こうした精神の状態は、行動、成果、結果とはまったく関係がなかった。それは時間を超越した、情熱的な観照（contemplation）と親交（communion）の状態にあり、事の『あと』『さき』とは関係がなかった。それらの価値は、有機的統一の原理に従い、全体としての事物の状態によって決定されるので、部分に分解して分析することはできなかった。たとえば、愛しているという精神の状態の価値は、ただ単に本人の感情の性質に依存するのでなく、感情の対象の真価やその対象の感情の反応や性質によるものである。けれども、そうした価値は、私の記憶に誤りがなければ、一年後になって何が起こったか、また当人がそれをどう感じたかにはまったく係わりがなかった。

もっとも私自身は、つねに一貫して有機的統一の原理の主張者であり、今でもそれだけが理に適ったものだと考えている。情熱的な観照と親交とにふさわしい主題は、最愛の人、美、および真理である。人生の主目的は、愛であり、美的体験の創造と享受であり、知識の追求であった。そのなかでも、愛が断然一位を占めていた」(「若き日の信条」『人物評伝』)。ここには、ケインズの人間的な素晴らしさが溢れ出ていると思います。

おわりに

私たちの経済学史の旅も、これで終わりとなります。初学者の皆さんに分かりやすく、かつ丁寧に書いたつもりですが、いかがだったでしょうか。「はじめに」にも書きましたように、筆者が皆さんに提示した経済学史は、イギリスの学者や学派を中心にしたものですので、フランスの重農主義、ドイツの歴史学派、それにアメリカの制度学派などは、ここでは取り扱っていません。その分野に関心がある方は、関係の書物にあたってくださるとうれしく思います。

本書を読んでお分かりのように、経済学史は実に幅広く、また大変奥が深いと言えます。経済学は、これまで制度化され、教科書化されていますが、現実の経済の動きはあまりに複雑で、唯一の理論で説明できるものではありません。ですから、過去の経済学を知っているのと知らないのとでは、大きな違いが出てくると思います。

多くの本を書いたガルブレイスは、「経済学の歴史を知らなければ経済学を理解できない」と言います。彼はさらに、「過去は受動的な興味の対象ではない。過去は、現在のみならず未来をも、能動的かつ強力に形づくるものである。経済学に関するかぎり、歴史のはたらきはきわめて大きい。過去を無視しては、現在を理解することはできない」とも付け加えています。経済学史の勉強は、いろいろと調べることがあって大変ですが、とても面白いものです。本書を読んでくださった皆さんが、少しでも経済学史に興味を持ってくだされば、これに勝る幸せはありません。

本書は筆者のこれまでの関心や経験に従ってまとめたものですので、他の人でしたら幾分かはこれと違うまとめ方をすることと思います。しかし、経済学史の研究者でしたら、筆者の取り扱った天才的経済学者たちの九〇％以上に賛成してくれるものと確信しています。また、本書でのありうる誤りに関しましては、そのすべてが私の責任であることは、言うまでもありません。何なりとご指摘いただけたらありがたく思います。

最後になりましたが、本書の出版（「二一世紀南山の経済学」シリーズ③）にご尽力頂きました日本経済評論社の鴇田祐一さんをはじめとした皆々様と、資金面で援助頂いた南山大学経済学会に心からの感謝とお礼を申しあげます。

中矢　俊博

参考文献

【原　典】
マン『外国貿易によるイングランドの財宝』1664年
ペティ『租税貢納論』1662年、『政治算術』1692年
ロック『人間知性論』1690年、『統治二論』1690年
ロー『貨幣と商業』1705年
ヒューム『人性論』1739年、『政治論集』1752年
スチュアート『経済の原理』1767年
スミス『道徳感情論』1759年、『国富論』1776年
マルサス『人口論』1798年、『経済学原理』1820年
リカードウ『経済学と課税の原理』1817年
ミル『経済学原理』1848年、『自由論』1859年、『功利主義論』1861年
マルクス『共産党宣言』1848年、『経済学批判』1859年、『資本論』第1巻1867年
ジェヴォンズ『経済学の理論』1871年、『通貨と金融の理論』1884年
マーシャル『経済学原理』1890年
ピグー『厚生経済学』1920年、『失業の理論』1933年
ケインズ『貨幣改革論』1923年、『自由放任の終焉』1926年、『説得論集』1931年、『人物評伝』1933年、『雇用・利子および貨幣の一般理論』1936年

【一般文献】
ブローグ、久保芳和他訳『経済理論の歴史』1982年
ブローグ、中矢俊博訳『ケインズ以前の100大経済学者』1989年
ブローグ、中矢俊博訳『ケインズ経済学入門』1991年
ブローグ、中矢俊博訳『ケインズ以後の100大経済学者』1994年
ディーン、中矢俊博他訳『経済認識の歩み』1995年
ガルブレイス、鈴木哲太郎訳『経済学の歴史』1988年
ホジソン、中矢俊博他訳『現代制度派経済学宣言』1995年
中矢俊博著『ケンブリッジ経済学研究』1997年
中矢俊博他編著『経済思想史辞典』2000年
中矢俊博編著『マルサス派の経済学者たち』2000年
中矢俊博著『ケインズとケンブリッジ芸術劇場』2008年
シュンペーター、東畑精一訳『経済分析の歴史』1955年

【著者紹介】

中矢　俊博（なかや・としひろ）

1949年 北九州市の小倉に生まれる。1973年 名古屋市立大学を卒業後、1979年 南山大学大学院経済学研究科博士後期課程単位取得。経済学博士（名古屋大学）。専攻：経済学史。

1979年に南山大学経済学部助手、1994年に南山大学経済学部教授となり、2012年より経済学部長を兼任する。その間、神戸大学、ロンドン大学、ケンブリッジ大学の客員研究員を務める。

〈主著〉

『入門書を読む前の経済学入門』第3版（同文舘出版、2011年）
『ケインズとケンブリッジ芸術劇場』（同文舘出版、2008年）
『大人になるための経済学入門』（編著：NHK出版、2002年）
『マルサス派の経済学者たち』（編著：日本経済評論社、2000年）
『経済教育の大切さ』（近代文芸社、1999年）
『ケンブリッジ経済学研究』（同文舘出版、1997年）
『経済認識の歩み』（共訳書：名古屋大学出版会、1995年）
『ケインズ以後の100大経済学者』（訳書：同文舘出版、1994年）
『ケインズ経済学入門』（訳書：東洋経済新報社、1991年）
『ケインズ以前の100大経済学者』（訳書：同文舘出版、1989年）

〈21世紀南山の経済学③〉

やさしい経済学史

2012年8月31日　第1刷発行　定価（本体700円＋税）
2012年11月21日　第2刷発行

著　者　中　矢　俊　博
発行者　栗　原　哲　也

発行所　株式会社　日本経済評論社
〒101-0051　東京都千代田区神田神保町3-2
電話　03-3230-1661　FAX　03-3265-2993
info@nikkeihyo.co.jp
URL：http://www.nikkeihyo.co.jp

装幀＊土岐悠二　印刷＊文昇堂・製本＊根本製本

乱丁・落丁本はお取替えいたします。　Printed in Japan

ISBN978-4-8188-2216-0

〈21世紀南山の経済学〉は、南山大学経済学部創設50周年を記念して、2010年より経済学部教員が順次執筆し、シリーズとして刊行するものである。出版にあたって、日本経済評論社の御協力をいただいたことに感謝する。　　　南山大学経済学部・経済学会